Aus
schöffengerichtlicher Praxis.

Ein Beitrag

zur

Berufung und zur Organisation unserer Strafgerichte

von

M. K. Samter,

Amtsrichter in Brandenburg a. H.

BERLIN.

J. J. Heines Verlag.

1894.

Inhalt.

	Seite
Einleitung	5
Die beschränkte Berufung	6
Die mittleren und grossen Schöffengerichte	25

Vor einigen Tagen ging ein Brief durch die Presse, den der unermüdliche Forscher im Gebiete des Strafrechts, Professor *von Liszt* in Halle geschrieben; er war um „ein klärendes Wort über die Berufung in Strafsachen" gebeten; lesen Sie, antwortet der Hallenser Professor dem Bittsteller, die Schrift des Reichsgerichtsraths *von Bülow:* „Die Reform unserer Strafrechtspflege", die „in allem Wesentlichen sagt, was mir am Herzen liegt. Was wirklich Noth thut, das ist ein zweckentsprechendes Strafrecht und ein fachkundiger Richterstand."

Wunderbar — wird so Mancher gedacht haben, der die *Bülow*sche Schrift gelesen und hier den Aufruf vernommen, an Stelle der Strafkammern und der Schwurgerichte mittlere und grosse Schöffengerichte zu bilden, die kleinen beizubehalten. Mit welchem Rechte lässt sich an den Reformplan einer Verstärkung des Laienelements im Richteramte der Ruf zur Bildung eines fachkundigeren Richterstandes anknüpfen?

Allein noch eine zweite, zum mindesten nicht gerechtfertigte Schlussfolgerung hat *von Liszt* der *Bülow*'schen Schrift entnommen; er schreibt, mit dem „Wortführer" des Reichsgerichts theile er den Standpunkt, dass die Urtheile unserer Strafgerichte zu wünschen übrig liessen, das Gegentheil habe noch Niemand behauptet, - das Verfahren erster Instanz müsse daher so geordnet werden, dass das geschwundene Vertrauen in die Zuverlässigkeit der deutschen Strafrechtspflege zurückkehre! Das gerade Gegentheil lese ich indessen, und ich meine, wohl jeder neutrale Leser aus den Ausführungen des reichsgerichtlichen Wortführers heraus; zur Rechtfertigung einer Reform — schreibt *von Bülow* S. 8 — wird häufig auf die mangelhafte Rechtsprechung der Strafkammern hingewiesen; wie schwer würde es den Tadlern wohl fallen, ihr Urtheil sachlich zu begründen.

Wenn nun *von Liszt*, der Mann der wissenschaftlichen Forschung, anlässlich der Lectüre der *von Bülow*'schen Abhandlung, zu zwei Schlussfolgerungen, wie die vorgedachten, gelangt — ist es da zu verwundern, dass in den breiten Schichten der Rechtsunkundigen, aus den populären Kundgebungen jener beiden Autoritäten noch ganz Anderes herausgelesen wird? dass Schlüsse gezogen werden, wo nur Hypothesen vorliegen? dass in der Tagespresse von einem Niedergange der Strafjustiz, von einem Nothstande gesprochen wird, den eine Reformation „an Haupt und Gliedern der Strafgerichtsbarkeit" schleunigst beseitigen muss?

Ganz gewiss ist es eine fruchtbare Abhandlung, mit der *von Bülow* sich anregend an weite Kreise gewendet hat; aber im Effect haben seine Ausführungen auf jene Kreise verwirrend gewirkt; sie sprechen einmal einer Reform, welche seit Jahren von der öffentlichen Stimme gefordert wurde, und deren Ausführung jetzt mit der Wiedereinführung der Berufung geplant wird, jeden, aber auch jeden Erfolg ab, so unbedingt, so streng, dass der Laie auf den Gedanken verfallen muss, es wäre in der Rechtswissenschaft **für** die Berufung noch nie ein Wort gefallen und deshalb die Berufung in jeder Gestalt ein Unding. Vor Allem aber wird der Einführung der mittleren und grossen Schöffengerichte in so lebendiger, populärer Weise das Wort gesprochen, dass selbst Rechtskundige übersehen können, wie nur empirische, nicht voll beweiskräftige Gründe für die vorgeschlagene Reform erbracht sind.

Es erscheint mir daher — zwar gewagt — aber trotzdem geboten, den vereinten „Wortführern" des Tribunals und der Hochschule [1]) die nachfolgende Darstellung entgegenzureichen, welche ich zum Theil den Erfahrungen in schöffengerichtlicher Praxis entnommen habe:

Wie steht es, will ich zuvörderst fragen, in thesi praxique mit der Berufung?

Blendend für das Auge und schwerwiegend für den ersten Blick ist es allerdings, wenn *von Bülow* auf die Motive und den

---

1) Zu jenen Wortführern gesellt sich jetzt auch *O. Mittelstaedt* in dem soeben erschienenen Heft 1 der *Gruchot*'schen Beiträge de 1894, S. 234 u. f.

Bericht der Justizkommission bezugnehmend, seinen Haupteinwurf gegen die Berufung überhaupt auf das non placet stützt, das durch die Rechtsgeschichte des Strafprozesses angeblich gesprochen wird. Im Sperrdrucke führt er an: Allenthalben haben die Erfahrungen für den Wegfall (der Berufung) günstiges Zeugniss abgelegt, und es ist ohne Widerspruch zu konstatiren, dass in den Ländern, deren Gesetzgebung die Berufung nicht zugelassen, oder wieder ausgeschlossen hat, Stimmen für die Wiedereinführung nicht laut geworden sind. Und weiter wird aus dem Begleitbericht zum Entwurfe eines Gesetzes betreffend Aenderungen des Gerichtsverfassungsgesetzes und der Strafprozessordnung aus dem Jahre 1885 citirt: Die Nichtzulassung der Berufung gegen die Urtheile der Strafkammern war ein bewusstes Weiterschreiten auf dem Wege, den die Rechtsentwickelung in Deutschland während der letzten zehn Jahre vor dem Zustandekommen der Justizgesetze genommen hatte, und beruhte auf der zu immer allgemeinerer Geltung gelangten Ansicht, dass die Gewährung dieses Rechtsmittels mit den Grundsätzen der Mündlichkeit und Unmittelbarkeit des Verfahrens unvereinbar sei.

Allerdings — diesen rechtsgeschichtlichen und legislatorischen Vorgängen gegenüber ist zunächst die *von Bülow*'sche Frage gerechtfertigt: „War dies die wohlerwogene grundsätzliche, im Einklang mit der Wissenschaft, Erfahrung und Rechtsentwicklung bestehende Auffassung und Ueberzeugung der Regierungen, wie kann es wenige Jahre später sich rechtfertigen, diese ganze Entwicklung wieder rückgängig zu machen?“

Allein, will diese Frage inhaltlich den gesammten aufgeführten, rechtsgeschichtlichen Prozess umspannen, und soll sie andererseits eine erschöpfende Antwort erhalten, so kann sie so gefasst, nicht bleiben. Die Berufung, der in jenen Motivstellen die Lebensfähigkeit abgesprochen wird, war die modern zu kleidende Halbschwester der preussischen appellatio, die Zwillingsschwester der heutigen Berufung gegen die schöffengerichtlichen Urtheile! Wo steht geschrieben, dass diese Berufung gegen Strafkammerurtheile jetzt wieder beabsichtigt wird, dass nur diese Berufung dem Bedürfnisse genügen kann, dessen Existenz — es wird sich dies noch weiter unten zeigen — alle Zeit rechtsgeschichtlich vorhanden war? Was aber vor Allem jener blendenden Frage die verblüffende Kraft eines unwiderlegbaren Arguments zu verleihen scheint, das ist die unausgesprochene Unterstellung, dass jede „rückschrittliche Reform“ mindestens die Vermuthung ihrer Grundlosigkeit gegen sich habe.

Nun, wie wenig stichhaltig eine solche Auffassung ist, die die ganzen ersten 11 Seiten der *von Bülow*'schen Schrift offensichtlich durchzieht, das dürften die einzelnen Rechtsinstitutionen bezeugen, die jetzt in anerkannt wohlthätiger Kraft in Geltung sind, und doch seiner Zeit in rückschrittlicher Reform zur Einführung gelangten. Um ein Beispiel herauszugreifen: Mit welchem Eifer wurden nicht seiner Zeit die Wuchergesetze zu Grabe getragen? Wie klang es nicht damals von den Professorensesseln überzeugt herunter: es war Zeit, dass mit diesen Vorschriften altväterlicher Gängelei geräumt wurde, ein Jeder hat selbst sich zu schützen u. dgl. m., und nun? Mit welcher erlösenden Genugthuung haben allein wir es am Richtertische begrüsst, dass wir nicht mehr gezwungen sind, von Rechtswegen unter Schnur und Siegel dem Wucherer die Handhabe zu ertheilen, die sein Opfer ihm ganz verbluten liess! Ja! Er hat Recht der alte Mephisto: es erben sich Gesetz und Rechte, wie eine ew'ge Krankheit fort; aber es ist ein diabolischer Trugschluss, wenn er dem Schüler vorredet, es werde dadurch Vernunft Unsinn, Wohlthat Plage. Es erben sich wie eine ew'ge Krankheit die Ausschreitungen im Kulturleben von Jahrhundert zu Jahrhundert fort, und daher kehren vor Allem im Strafrechts- und Strafprozessrechtsgebiete auch die materiellen und formellen Repressalien immer wieder!

Mit Recht — meine ich — wird man aus der Thatsache einer rückschrittlichen Reform daher noch kein Argument gegen die Wiedereinführung der Berufung herleiten können; es sei denn jedes Bedürfniss für jede Form der Berufung rechtsgeschichtlich als nicht bestehend dargethan. Dann freilich erschiene die Wiedereinführung jenes Rechtsmittels so lange ein Sprung ins Ungewisse, bis nicht Praxis und Theorie die Neubelebungsgründe für ein verschwundenes Rechtsinstitut einmüthig dargethan hätten. Das gerade Gegentheil ist aber der Fall. Selbst bei Verwerfung der Berufung gegen Strafkammerurtheile nach Massgabe des schöffengerichtlichen Rechtsbehelfs wird in den Motiven zur Strafprozessordnung anerkannt: „Die einzige wirkliche Bedeutung, welche der Berufung noch beigelegt werden konnte, besteht darin, dass sie dem Verurtheilten die Möglichkeit gewährt, solche neue Thatsachen und Beweismittel zur Geltung zu bringen, welche ihm schon während des Verfahrens in erster Instanz bekannt und zugänglich waren; und nur deshalb nicht von ihm vorgebracht wurden, weil ihm ihre Erheblichkeit erst aus den Entscheidungsgründen des gegen ihn ergangenen Urtheils ersichtlich geworden ist". Und nun gehe man einmal 30 Jahre in der Geschichte des Strafprozessrechts zurück! Genau wie heute und in den siebziger Jahren, war damals in Baden der Streit für und wider die Berufung unter den Rechtsgelehrten entbrannt. Gewichtige Autoritäten hatten der Regierungsvorlage auf Einführung der Berufung genau, aber auch haarscharf genau, wie heute *von Bülow*, rechtspolitische und financielle Bedenken und vor allem den Einwand [1]) entgegengestellt, keine appellatio von dem besser unterrichteten Richter an den schlechter Informirten! Und was antwortet im Jahre 1843 der damalige Regierungscommissar Badens, Justizministerialrath *Brauer*? . . . „Indem hier die ganze Verhandlung auf einen einzelnen Punkt — den Beschwerdepunkt — concentrirt wird, indem dieser Punkt, **auf welchen in der früheren Verhandlung vielleicht gar kein Gewicht** gelegt wurde, nun zum Gegenstand sorgfältiger Erörterungen gemacht wird, wie lässt sich da behaupten, dass der Oberrichter weniger gut instruirt sei, als der Unterrichter? **Es ist nicht das ganze Ergebniss der früheren Verhandlungen in Frage, der grössere Theil derselben bleibt von der Beschwerde unberührt,** und der kleinere Theil, in welchem die Beschwerde gefunden wird, erscheint durch die Ausführungen der Parteien in einem klaren Lichte." (Vgl. den Gerichtssaal von 1866, S. 140). Deckt sich nun dieses fünfzigjährige, autorative Attest eines Rechtsbedürfnisses einzelner Angeklagten, einem Strafurtheile gegenüber, nicht vollinhaltlich mit dem Atteste, das der Gesetzgeber des deutschen Reichs dreissig Jahre später — nothgedrungen — seinerseits ausstellt? Ganz gewiss!

Und doch — wie seltsam, aber auch wie oft in der Rechtsgeschichte wahrnehmbar! — den Schluss, der aus jenem attestirten Rechtsbedürfnisse nach **Inhalt** und **Umfang** zu ziehen war, hat der Gesetzgeber der vierziger Jahre falsch gezogen, der Gesetzgeber der siebziger Jahre zu ziehen abgelehnt und jetzt die Volkesstimme im schlichten Empirismus zu ziehen gebeten.

Man erinnere sich einmal der zahllosen Stimmen, die schon seit 1883 in der Presse laut wurden; zwischen den vielen, theils über-

---

[1]) **Es wird dieser Einwand noch ausführlich erörtert werden.**

triebenen, theils schief gedachten Gründen für die Berufung zog sich wie ein rother Faden immer wieder der Einwurf hindurch: erst aus den Urtheilsgründen erfuhr der Angeklagte einen Punkt, den er selbst für nebensächlich gehalten und aus dem ihm trotzdem der Knoten geschürzt wurde; hiergegen muss es einen Rechtsbefehl geben. Das empfand der schlichte Verstand wie jetzt, so vor 50 Jahren; aber der Theoretiker wie der Gesetzgeber begegneten diesem Rechtsbedürfnisse theils gar nicht, theils unsachgemäss; und weshalb? Weil sie die einfache Rechtswahrheit — wie ich meine — nicht beherzigten: Art und Umfang des erkannten Rechtsbedürfnisses bedingen Art und Umfang der zu gewährenden **Rechtsabhilfe.**

Die Art und den Umfang des Rechtsbedürfnisses einem einzelnen Strafurtheile gegenüber, hatte man wohl erkannt; in jenen schon citirten Ausführungen des badischen Regierungscommissars, die mir von besonderer Klarheit erscheinen, heisst es schlüssig und erschöpfend [1]): „Entweder wird die Beschwerde in der Behauptung bestehen, 1. dass gar nichts Strafbares begangen, oder 2. darin, dass der Richter die That unter ein zu schweres Strafgesetz subsumirt hat, oder 3. es wird behauptet, dass der Richter in der Strafausmessung (bei unangefochtenem Thatbestande) zu hoch gegriffen hat, oder 4. endlich, dass es an der erforderlichen Menge von Beweisgründen fehle.“ „Es leuchtet ein“, fährt der Regierungscommissar fort, „dass es sich in den Fällen sub 1—3 um Rechtsfragen dreht, und nur in dem Falle sub 4 um die Thatfrage im engeren Sinne; . . . aber, es leuchtet auch ein, dass in diesem letzteren Falle der Verurtheilte sich nicht auf die kurze Erklärung beschränken kann, aller Beweise ungeachtet bin ich nicht der Thäter; er muss vielmehr die Gründe speciell angeben, warum er trotz dem anscheinend vollständigen Beweise unschuldig sei.“

Ja! „es leuchtet ein“: in den Fällen sub 1 und 2 steht nur die Nachprüfung in Frage, ob das Gesetz richtig oder unrichtig angewendet ist; diesem Bedürfnisse genügt schon jetzt die Revision! In dem Falle sub 3 will der Angeklagte, vulgär ausgedrückt, den zweiten Richter nur fragen, ob er nicht milder wie der erste denken kann! Diese Frage ist, was ihren Bedürfnissgrund anbetrifft, rechts-

---

[1]) Die nachfolgende Citation ist, wie erklärlich, dem heutigen Straf- und Strafprozess-Recht angepasst.

geschichtlich nicht attestirt, auch durch die Erfahrungen im Gebiete der Strafzumessung nicht begründet; es sei denn zu prüfen, ob vom Gesetz besonders vorgesehene Umstände vorliegen, welche die Strafbarkeit vermindern oder erhöhen;[1]) diese, aber auch nur diese Momente sind „der Thatfrage im engeren Sinne“ unschwer zuzählbar. Und so ergiebt sich aus der vorstehenden Untersuchung:

1. die Berufung ist, ihrem Wesen nach, dazu betimmt, der getroffenen Feststellung der sog. Thatfrage im engeren Sinne gegenüber eine Abhilfe zu gewähren;

2. Art und Umfang dieser Abhilfe aber werden durch Art und Umfang des Rechtsbedürfnisses einzelner Angeklagten[2]) bestimmt, zu bereits getroffenen (und zu acceptirenden)[3]) Feststellungen, eine ganz **bestimmte** Zahl unberücksichtigter oder falsch gewürdigter Momente zur nachträglichen Prüfung zu stellen, in der Voraussetzung, dass diese Prüfung, entgegen oder vereint mit jenen Feststellungen, das Schlussresultat ändern kann.

Es ist also mit dem Zweckbegriffe der Berufung durchaus unvereinbar, durch diese die gesammten Thatumstände, welche vor dem ersten Richter sich bereits abgewickelt haben und von diesem schon gewürdigt sind, dem zweiten Richter wiederum vorzuführen. Indem die Gesetzgeber der früheren Jahre, und leider auch der Reichsgesetzgeber (rücksichtlich der Urtheile der Schöffengerichte) die Berufung in diesem Umfange ausgebildet, haben sie alle jene Angriffe hervorgerufen, die auch jetzt wieder, namentlich in der *von Bülow*schen Schrift erhoben werden. Ganz gewiss schafft es eine Appelation von einem besser an den schlechter informirten Richter, wenn Zeugen, die das Kreuzfeuer der Anklage und Vertheidigung bestanden, die vorher unbefangen aufgetreten, in relativ kürzerer Zeit nach ihren Wahrnehmungen, diese bekundeten, danach wiederum vor die

---

[1]) cf. § 262 Strafprozessordnung.

[2]) Die vorstehende Entwicklung zeigt, dass nur für den Angeklagten, nicht auch für den Staatsanwalt zu Ungunsten des Angeklagten, ein Rechtsbedürfniss geschichtlich dargethan ist, ein einzelnes Strafurtheil mit der Berufung anzufechten; cf. jedoch Anm. 1, S. 14.

[3]) Es wird das sogleich näher begründet werden.

zweite Instanz gerufen werden. Ganz gewiss ist es ein Unding, „den Ton nochmals vor Gericht stellen zu wollen“, mit dem der Angeklagte in freier Rede sich verantwortet hat, die Zeugen unter dem Eide sich bewegt haben. Ganz mit Recht setzt einer **solchen** Ausgestaltung der Berufung ein Gegner schon vor 30 Jahren den niederschlagenden Einwurf entgegen: „der Totaleindruck ist es, der hier entscheidet, also eine Masse von factischen Momenten, die an den Sinnen vorübergehen und sich nicht festhalten lassen, wenn man auch Stenographen in die Gerichtssäle ruft!“ —. Aber im Uebereifer des Angriffes haben jene Gegner der Berufung das Kind mit dem Bade ausgeschüttet, die Gesetzgeber, offenbar verstimmt und, wie erklärlich, nicht ganz überzeugt, einfach dasselbe Bad wieder angerichtet! Anstatt das Rechtsbedürfniss, dessen Existenz wir oben geschichtlich attestirt gefunden, auf Inhalt und Umfang zu prüfen, und sich zu sagen: Ist der Totaleindruck der erstinstanzlichen grundlegenden Verhandlung nicht festzuhalten, nun gut, so müssen sein Ergebniss und die ihn erzeugenden Einzelacte erhalten bleiben, u. z. letztere in zuverlässiger[1]) Form; aber das hindert nicht, dass einzelne Momente, die bislang unerörtert oder falsch erörtert geblieben, nun zur Prüfung einem zweiten Richter unterbreitet werden. Dieser hat also das Schlussresultat der ersten Verhandlung und ihre vom ersten Richter als glaubhaft befundenen Beweismomente regelmässig so zu acceptiren, wie wenn er selbst das Resultat gewonnen, selbst den einzelnen Beweismomenten das Glaubwürdigkeitsattest ertheilt. Denn die Möglichkeit, die „an den Sinnen vorübergegangenen“ Einzelacte der **ersten** Verhandlungen, wieder herzustellen, ist nicht mehr vorhanden.

Die Prüfung, die der Berufungsrichter vorzunehmen hat, und — berechtigt — auch nur vornehmen kann, besteht sonach ausschliesslich in der Judicatur: Würdest Du, nachdem Du bislang diesen Zeugen geglaubt, diesen Indicien getraut, daher dieses (erstinstanzliche) Resultat erlangt hast, das Letztere Angesichts der neu geltend gemachten oder erwiesenen Momente noch aufrecht erhalten? Nicht eine Wiederholung der ersten Verhandlung, sondern eine vollständig neue Verhandlung ist es, die bei richtiger Ausgestaltung der Berufung vor dem zweiten Richter sich abspielt; vor Letzterem hat nicht eine fragmentarisch wiederholte Beweisaufnahme

---

[1]) Es wird hierüber noch unten eingehend gesprochen werden.

sich abzuwickeln, sondern eine Beweisaufnahme, die einmal in dem Urkundenbeweise besteht, dass nach Protokoll und Urtheil des ersten Richters — unnachprüfbar[1]) für die zweite Instanz — vor dem Gerichte zu X in der Verhandlung von Y diese Zeugen, diese Momente, diese Indizien als beweiskräftig festgestellt sind; ob sie es objectiv noch bleiben, das ist Sache des etwaigen zweiten Theils [2]) der zweitinstanzlichen Beweisaufnahme, die nie eine Wiederholung der ersten Beweisaufnahme enthalten darf, und deshalb stets auf die **Einzel**momente beschränkt bleiben muss, die der Angeklagte einzeln zu behaupten und zwar unter Beweis zu stellen hat, und unter der Begründung, sie seien gar nicht, oder nicht richtig gewürdigt worden.

Nur für eine solche beschränkte thatsächliche Nachprüfung eines Strafurtheils ist, wie wir gesehen, rechtlich ein Bedürfniss vorhanden, nur für eine solche beschränkte Nachprüfung darf daher der Rechtsbehelf der Berufung auch gewährt werden.

Freilich, die unabweisbare Voraussetzung für die rechtliche Möglichkeit, wie sachgemässe Nützlichkeit einer also beschränkten Berufung ist ein unantastbar zuverlässiges Protokoll über die Einzelacte der ersten Verhandlung. Leider ist — darin hat *v. Bülow* völlig recht — zur Zeit das Protokoll über die Hauptverhandlung nicht in dem angegebenen Sinne unantastbar glaubhaft. Aber es wird sich unten noch zeigen, dass durch eine relativ untergeordnete Aenderung das Sitzungsprotokoll in dem oben gedachten Sinne sich reformiren lässt.

Aber weder eine unantastbar zuverlässige Protokollführung, noch alle die übrigen Verbesserungen des erstinstanzlichen Verfahrens, die *v. Bülow* (S. 25 u. f.) vorschlägt, können die Berufung in dem gegebenen beschränkten Umfange ersetzen.

Das erstinstanzliche Verfahren kann noch so vollendet sein, nie wird es den Angeklagten vor gefährlichen Ueberraschungen bewahren können, da es ihm niemals den weitumspannenden Blick zu verleihen vermag, alle die Momente schlagfertig zu übersehen, aus

---

[1]) cf. S. 12.

[2]) Der aber nicht stets erforderlich ist, cf. den Fall in Anm. 1 S. 16—17.

welchen der Richter die Kette seiner Beweisgründe zusammenschliesst.[1])

Wird das Facit aus der vorstehenden Darstellung gezogen, so ist im Einzelnen zu fragen, was kann die Berufung bei richtiger begrifflicher Ausgestaltung gewähren, was muss sie als begriffswidrig vermeiden? Beginnen wir mit der letzteren negativen, immer leichteren Seite.

Begriffswidrig erscheint, der Berufung die Rügebefugniss einer Rechtsverletzung zu gewähren, da eine solche mit der Revision zu beseitigen ist (cf. oben S. 10).

Begriffswidrig ist eine Berufung, welche nur eine Aenderung des Strafmaasses bezweckt.

Begriffswidrig ist eine Berufung, wie sie leider die Strafprozessordnung gegen die schöffengerichtlichen Urtheile gewährt; dass der berufungstüchtige Angeklagte einfach sagt: es wird das Urtheil in seinem ganzen Umfange angefochten und um Wiederholung der gesammten Beweisaufnahme gebeten.

Begriffsmässig aber scheint für die Berufung in richtig bemessenem Umfange

1. dass sie genau so, wie jetzt die Revision, zu erheben ist durch Abgabe einer Erklärung, es werde Berufung eingelegt **und** ferner durch eine Begründung, welche die einzelnen Thatsachen- oder Beweis-Momente aufführen **muss**, welche entweder gar nicht oder unrichtig gewürdigt sind.

2. Es folgt ferner aus dem Begriffe der beschränkten Berufung, dass die einzelnen Beweiserhebungen der ersten Instanz in der zweiten nicht zu wiederholen sind. An ihre Stelle tritt

---

[1]) Wie ersichtlich, kann das Gesagte für den unbetheiligten, rechtskundigen Staatsanwalt kaum gelten, der zudem den gesammten Straffall von Eingang der bezüglichen Anzeige bis zur Anklageerhebung durchdacht und bearbeitet hat. cf. auch Anm. 2, S. 11. Glaubt man aber, dass dem Angeklagten als Prozessparthei, der Staatsanwalt als die andere Prozessparthei einfach gegenüber gestellt werden kann, dann allerdings führt die ratio der vorstehend dargelegten Gründe zwingend dazu, auch dem Staatsanwalt die beschränkte Berufung zu gewähren, um Einzelmomente, welche — zu seiner Ueberraschung — gegen den Angeklagten gar nicht oder falsch gewürdigt sind, einer Nachprüfung zu unterstellen.

der Urkundenbeweis (cf. oben S. 13) über die erstinstanzlichen Vorfälle durch Verlesung des inhaltlich beweiskräftiger zu gestaltenden Sitzungsprotokolls (siehe auch S. 21—24).

3. Die erstinstanzliche Feststellung der Glaubwürdigkeit oder Unglaubwürdigkeit eines Beweismittels insonderheit ist mit der Berufung nur dann anfechtbar, wenn die einzelnen je entgegenstehenden oder bestätigenden Momente in der Begründung einzeln aufführbar und beweisbar sind.

Doch wie — wird man vielleicht schon hier einwerfen — gestaltet es sich, wenn über eine Thatsache, deren Feststellung durch Aussagen vernommener Zeugen erfolgte, in Anfechtung der Glaubwürdigkeit der Letzteren, einfach neue Zeugen benannt werden? etwa mit der Begründung: die Thatsache Y ist durch die Aussagen der Zeugen X und Z festgestellt. Letztere sind unglaubwürdig, denn die entgegengesetzte Wahrnehmung haben die Zeugen A, B, C, D gemacht, die dies bekunden sollen. Bei Beantwortung der eben gestellten Frage wird man zunächst zu berücksichtigen haben, dass die Bestimmung des § 244, Absatz 2 der Strafprozessordnung[1]) für die hier in Betracht kommenden Strafkammerurtheile nicht gilt. Es wird ferner zu berücksichtigen sein, dass regelmässig, falls die Zeugen schon in erster Instanz benannt waren, deren Vernehmung nur dann ablehnbar war, „wenn in der Verhandlung selbst schon ausreichende Gründe gegen oder für ihre Glaubwürdigkeit hervorgetreten sind“ (somit Recht das Reichsgericht in dem Urteile vom 20. XII. 1881, E. V., S. 312).

Wäre daher dessen ungeachtet, die Vernehmung der schon laudirten Zeugen von der ersten Instanz gesetzwidrig abgelehnt, so würde das hierauf ergangene Urtheil nach dem vorerwähnten Grundsatze gar nicht mit der Berufung, sondern mit der Revision nach Maassgabe des § 377, No. 8 der Srafprozessordnung[2]) anzufechten sein.

---

[1]) Der Absatz 2 des § 244 der Strafprozessordnung bestimmt: In den Verhandlungen vor den Schöffengerichten und vor den Landgerichten in der Berufsinstanz, sofern die Verhandlung vor letzteren eine Uebertretung betrifft oder auf erhobene Privatklage erfolgt, bestimmt das Gericht den Umfang der Beweisaufnahme, ohne hierbei durch Anträge, Verzichte oder frühere Beschlüsse gebunden zu sein.

[2]) Der § 377, No. 8 der Strafprozessordnung bestimmt, dass das Rechtsmittel der Revision gegen ein Urtheil dann gegeben ist, „wenn die Vertheidigung in einem für die Entscheidung wesentlichen Punkte durch einen Beschluss des Gerichts unzulässig beschränkt worden ist“.

Es bleibt sonach nur zu prüfen übrig, wie gestaltet es sich in der Berufungsinstanz, wenn der Angeklagte erst in dieser über eine Thatsache (mit der vorerwähnten Begründung) Zeugen neu benennt, obwohl schon bezügliche erstinstanzliche Zeugenaussagen vorliegen?

Es ist zu unterscheiden: waren die Zeugen dem Angeklagten bis zum ersten Urtheile schon bekannt oder nicht? Im ersten Falle führt der leitende Gedanke über das Zweckwesen der Berufung (den Angeklagten vor Ueberraschung zu schützen) unbedenklich dazu, de jure die Laudirung solcher Zeugen von vorn herein zu verbieten; oder aber es ist, unter Ausgestaltung der Grundsätze, die das Reichsgericht schon für die erste Instanz (cf. E. B. XII S. 335, XX, S. 206) schlüssig entwickelt hat, dem Berufungsgerichte zu gestatten, eine derartige Zeugenlaudirung regelmässig als nur der Verschleppung dienend abzulehnen. Zweifellos wird es regelmässig eine absichtliche Verschleppung enthalten, wenn der Angeklagte, obschon er die ungünstigen Aussagen der vernommenen Zeugen hört, doch noch mit „seinen“ Zeugen nicht sofort herauskommt; zweifellos kann er in einem solchen Falle in der Regel nicht davon reden, er sei „überrascht“, dass nur auf Grund der Aussagen der vernommenen Zeugen ein Urtheil ergangen ist.

Es wird also für die Berufungsinstanz die Benennung weiterer Zeugen über eine Thatsache, die schon von anderen Zeugen in erster Instanz bekundet ist, auf den überaus seltenen Fall regelmässig beschränkt bleiben, dass dem Angeklagten jene Zeugen erst nach der erstinstanzlichen Urtheilsverkündung bekannt geworden sind. Nun, für diesen seltenen Fall mag man getrost, sofern die protokollirten Aussagen sich als nicht ausreichend erweisen, unter Aufhebung des ersten Urtheils, die Sache zur nochmaligen Verhandlung und Vernehmung sämmtlicher Zeugen in die Instanz zurückverweisen. Gegen das **Princip** der beschränkten Berufung wird sich daraus so wenig etwas herleiten lassen, wie sich gegen das Princip der Revision etwas aus dem Grunde sagen lässt, dass sie bei einer Aufhebung des Urtheils aus § 377, No. 8 der Strafprozessordnung[1])

---

[1]) cf. die Anm. 2, S. 15. Es ist an dieser Stelle der Darstellung wohl angemessen, die sachliche Abgrenzung der Berufung (im beschränkten Umfange) gegen die (derzeitige) Wiederaufnahme des Verfahrens zu erwähnen. Der hier in Betracht kommende § 399 No. 5 der Strafprozessordnung gestattet die Wieder-

und Zurückverweisung der Sache in die Instanz, in dieser mitunter die nochmalige Vernehmung der alten und die Abhörung der neuen Zeugen veranlasst.

Hiermit ist die Darstellung an zwei Punkte gelangt, welche der Berufung in ihrer bisherigen irrthümlichen Gestalt (wie sie u. A. auch die gegenwärtige schöffengerichtliche Berufung trägt), nicht ohne Grund als Bedenken entgegen gehalten werden.

---

aufnahme eines durch rechtskräftiges Urtheil geschlossenen Verfahrens zu Gunsten des Verurtheilten: „wenn neue Thatsachen oder Beweismittel beigebracht sind, welche allein, oder in Verbindung mit den früher erhobenen Beweisen die Freisprechung des Angeklagten oder in Anwendung eines milderen Strafgesetzes eine geringere Bestrafung zu begründen geeignet sind".

Die beschränkte Berufung ist sonach einestheils in ihren Voraussetzungen enger als die Wiederaufnahme; die letztere fordert einfach „neue Thatsachen oder Beweismittel", gleichviel ob dieselben dem Angeklagten vor dem Urtheile bekannt oder unbekannt gewesen sind; die Berufung lässt nur Thatsachen und Beweismittel zu — um hier populärer zu sprechen —, welche sich auf thatsächliche Ueberraschungen des Angeklagten im Urtheile beziehen. Die Konsequenzen dieses leitenden Gedankens haben wir soeben vorstehend S. 15. 16 gesehen. Andererseits ist die Berufung insofern der Wiederaufnahme des Verfahrens gegenüber inhaltlich weiter, als sie ohne Angabe „neuer Thatsachen oder Beweismittel" begründet werden kann.

Ein Beispiel aus der Praxis: Die Angeklagte ist wegen Diebstahls an einer goldenen Kette ihrer Dienstherrin verurtheilt; die Kette ist um 8 Uhr Morgens auf einem Tische neben Kleidungsstücken von der Angeklagten — geständlich — gesehen worden, um 9 Uhr Morgens ist die Kette vermisst worden; um 12 Uhr ist der Dienstherr, wie die Angeklagte geständlich gewusst, zur Polizei gegangen, um 4 Uhr ist die Kette im Gewahrsam der Angeklagten wieder gewesen; der wieder erlangte Gewahrsam der Kette wird von der Angeklagten dahin erklärt, sie habe die Kette im August in einer Muffschachtel in einem Spinde mit Wintersachen gefunden; die Dienstherrin hat die Muffschachtel seit Verschwinden und Wiedererscheinen der Kette nicht geöffnet. Der erste Richter hat verurtheilt; er hält die Fundangabe für erlogen, denn er hält für unglaubwürdig, dass die Angeklagte im August eine Muffschachtel geöffnet (um nach den Motten zu sehen) und, davon abgesehen, für unerklärlich, wie die Kette ohne Zuthun der Angeklagten in die Schachtel kommen soll. Dieses letzte Moment hält die Angeklagte zu ihrer Ueberraschung für unrichtig erörtert; sie hat — wie festgestellt — Muffe und Pelzmanschetten heraus- und hineingelegt und vorher die Kleidungsstücke vom Tische getragen, auf dem die Kette gelegen, diese, eine kleine Zackenkette, kann an ihren eigenen Sachen hängen geblieben, von diesen in die Schachtel geglitten und dann von der Angeklagten aufgefunden sein. Der zweite Richter hat, um der Möglichkeit dieses Momentes willen, lediglich auf Grund der erstinstanzlichen Feststellungen das Urtheil aufgehoben — ohne neue Thatsachen, ohne neue Beweismittel! — Der Rechtsbehelf der Wiederaufnahme des Verfahrens hätte versagt.

Mit Recht weist *von Bülow* auf die financiellen Bedenken der Zeugenentschädigung hin, die entstehen, wenn alle die entfernt wohnenden Zeugen der ersten Instanz und mit ihnen die etwaigen neuen Zeugen an das Oberlandesgericht [1]) zur Berufungssitzung reisen müssen. Unbedingt ist es auch volkswirthschaftlich bedenklich, jene Zeugen durch langwierige Reisen ihrem Berufe, nicht selten für mehrere Tage, zu entziehen. Allein wie sofort ersichtlich, diese zwei Bedenken sind nur bei derjenigen Gestaltung der Berufung ursächlich gegeben, die da glaubt, den gesammten Beweisapparat der ersten Strafinstanz in zweiter wieder- holen zu müssen.

Ist die Berufung eine beschränkte in dem entwickelten Sinne, dann ist sie ihrem Wesen nach auf vereinzelte Beweiserhebungen über „die Einzelmomente beschränkt, welche der Angeklagte als gar nicht oder nicht richtig gewürdigt bezeichnet“. Nicht der Totaleindruck der gesammten bisherigen Straf-Verhandlung ist in der zweiten Instanz (wir sahen S. 12, dass dies nicht möglich ist) zu reproduciren, sondern eine Nachlese von Einzelbeweiserhebungen kann hier nur noch vorgenommen werden. Alle die Gründe, die für die erste Instanz die unmittelbare Vernehmung der Zeugen vor dem erkennenden Gericht im Interesse materieller Urtheilsfällung erfordern, sind sonach für die zweite Instanz nicht mehr vorhanden. Diese wird desshalb sehr oft in der Lage sein, die commissarische Vernehmung der einzelnen neu zu hörenden Zeugen in Gemässheit der §§ 222 und 223 der Straf-Process-Ordnung zu veranlassen und wird nur selten Anlass haben, einzelne Zeugenvernehmungen in der Berufungsverhandlung selbst vorzunehmen. Und ist diese Procedurart nicht denn schon jetzt in den civilprocessrechtlichen Berufungssachen der Oberlandesgerichte gang und gäbe, obschon auch hier mündliche Verhandlung das Grundprincip ist und **obgleich** hier — wie dies bei civilprocessualen Streitigkeiten auch ganz folgerichtig ist, die Berufung in ganz unbeschränktem Umfange den erstrichterlichen Feststellungen gegenüber gewährt wird? Und doch sind begründete Klagen über die gedachte Procedur, meines Wissens, bisher nicht laut geworden.

Es bleibt noch übrig, einen Blick auf das Berufungsverfahren zu werfen, das schon jetzt den schöffengerichtlichen Urtheilen gegen-

---

[1]) Die Oberlandesgerichte und nicht die Landgerichte sind, wie bestimmt verlautet, als Berufsgerichte in Aussicht genommen.

über besteht. Aber soll für die Berufung in richtiger Gestaltung, mit beschränktem Inhalte, ein zuverlässiges Resultat gewonnen werden, so kann nicht einfach gefragt werden, hat sich die schöffengerichtliche Berufung bewährt oder nicht? Es muss vielmehr gefragt werden, hat sich die Berufung in ihrem bisherigen unbeschränkten Umfang bewährt? Und wenn dies nicht der Fall, lassen die bisherigen Erfahrungen erkennen, dass auch für die Berufung mit beschränktem Inhalte kein Anlass vorliegt?

Ich könnte für die Verneinung der ersten Frage die Beobachtungen detaillirt verwerthen, die ich in zwei einzelrichterlichen Gerichtsbezirken gemacht habe, aber man wird dem Juristen, der, um mit *v. Liszt* zu sprechen, „nur ein" Instanzrichter ist, nachempfinden, dass er hier mit seinem amtlichen Tactgefühle in Konflict gerathen könnte: Ich beschränke mich daher auf das kurze Referat, dass mir Schöffenrichter in kleinen, grösseren und grossen Städten die von mir gewonnene Erfahrung bestätigt haben: eine Berufung mit unbeschränktem Inhalte führt mindestens oft dazu: dass alle die unsicheren Kantonisten unter den Zeugen, die im Gegensatze zu uninteressirten Zeugen der ersten Instanz, in dieser Alles sorgfältig beobachtet haben, dadurch die Möglichkeit gewinnen, sich in zweiter Instanz so einzurichten, dass sie nirgendswo anstossen. Die Folge hiervon ist eine Verschiebung der Beweiswürdigung auf Kosten objectiv glaubwürdiger Bekundungen! Sprechen sonach die bisherigen Erfahrungen gegen die Berechtigung einer unbeschränkten Berufung, so lässt sich andererseits aus einem nicht zu grossen Theile der aus der Berufungsinstanz zurückkommenden Strafverhandlungen nicht verkennen, dass im Einzelfalle ein Bedürfniss gegeben ist, durch Berufung Einzelmomente zur nachträglichen Prüfung zu bringen, die in dem ersten Urtheile ungewürdigt geblieben waren; vorwiegend waren es Momente, die in der ersten Verhandlung eindringlichst zur Sprache gelangt waren; aber, als ob die Aufmerksamkeit der einzelnen Angeklagten von der Berücksichtigung anderer Gesichtspunkte völlig absorbirt worden, — blieben jene Momente unaufgeklärt, sowohl vom Angeklagten, wie selbst seitens des Vertheidigers —; so entsinne ich mich einer Wilddiebstahlssache, in welcher ein Umweg, den der Angeklagte gemacht, den Schlussstein der Indicienkette abgab; in der zweiten Instanz endlich erfolgte genügende Aufklärung und Freisprechung; in einer anderen Diebstahlssache wurde in derselben Weise und mit demselben Erfolge das ungewöhnliche Betreten einer Stube schliesslich aufgeklärt, in einem anderen Falle das auffällige Öffnen einer Spindthüre; in einem Körperverletzungsfalle die ungewöhnliche Mitnahme eines Werkzeuges; in einem weiteren die besonders belastende Art der Verletzungen! In allen diesen Fällen bewirkte die Berufung in ihrem concret beschränkten Umfange einen gerechten Erfolg, und selbst eine erstinstanzliche Verhandlung mit all' den Reformen ausgestattet, die *von Bülow* vorschlägt, hätte den Anlass zur Berufung nicht zu vermeiden vermocht.

So dankenswerth auch jene Reformen sind, — sie lassen das concret berechtigte Bedürfniss des Angeklagten unerfüllt, vereinzelte thatsächliche, bislang falsch oder gar nicht gewürdigte Momente durch Berufung zur Nachprüfung zu stellen. Das gilt zunächst von den Reformvorschlägen, die er zu dem § 205 [1]) und § 266 Absatz 1 [2]) macht und die im Wesentlichen darauf hinausgehen, es müsse jede Thatsache im Eröffnungsbeschlusse, wie im Urtheile angegeben werden, in welcher je ein gesetzliches Merkmal der zu strafenden That enthalten ist. Sehr richtig! Aber die beschwerdewürdigen Überraschungen, die dem Angeklagten durch das Urtheil bereitet werden, bestehen regelmässig in kleinen Ketten von Indicien, aus denen Glaubwürdigkeit oder Unglaubwürdigkeit eines einzelnen Beweismittels für eine Thatsache gefolgert wird.

Aus ziemlich gleichem Grunde dürfte die Reformation des § 264, Absatz 1 [3]) der Strafprocessordnung ohne Belang sein. *von Bülow* wünscht, dass auch zum Absatz 1 des § bestimmt würde: Auf den Antrag des Angeklagten **ist** die Hauptverhandlung aus-

---

[1]) § 205 bestimmt: In dem Beschlusse, durch welchen das Hauptverfahren eröffnet wird, ist die dem Angeklagten zur Last gelegte That unter Hervorhebung ihrer gesetzlichen Merkmale und des anzuwendenden Strafgesetzes, sowie das Gericht zu bezeichnen, vor welchem die Hauptverhandlung stattfinden soll.

[2]) Der § 266 Abs. 1 lautet: Wird der Angeklagte verurtheilt, so müssen die Urtheilsgründe die für erwiesen erachteten Thatsachen angeben, in welchen die gesetzlichen Merkmale der strafbaren Handlung gefunden werden. Insoweit der Beweis aus anderen Thatsachen gefolgert wird, sollen auch diese Thatsachen angegeben werden.

[3]) § 264 verordnet: Eine Verurtheilung des Angeklagten auf Grund eines anderen als des in dem Beschlusse über die Eröffnung des Hauptverfahrens angeführten Strafgesetzes darf nicht erfolgen, ohne dass der Angeklagte zuvor auf die Veränderung des rechtlichen Gesichtspunktes besonders hingewiesen und ihm Gelegenheit zur Vertheidigung gegeben worden ist.

zusetzen. Allein nicht die rechtlichen Überraschungen des Angeklagten durch eine andere Qualificirung der That, sondern allein thatsächliche Überraschungen werden dem Angeklagten gefährlich. Noch niemals ist mir bei Anwendung des § etwas Anderes wahrnehmbar gewesen, als dass dem Angeklagten, wie dem Vertheidiger, die Veränderung des rechtlichen Gesichtspunktes völlig gleichgiltig blieb.

Sicherlich erspriesslich wäre es, wenn, wie *von Bülow* ferner vorschlägt, dem Vorsitzenden des erkennenden Gerichts die Verpflichtung auferlegt wird, den Angeklagten zu belehren, dass er die gemäss § 199 der Strafprocessordnung [1]) gestellten, aber nicht berücksichtigten oder abgelehnten Anträge in der Hauptverhandlung wiederholen könne und wiederholen müsse, wenn er sie berücksichtigt sehen wolle. Allein geschieht dies selbst und hat dies auch die Wirkung, dass eine relativ grössere Zahl von vorher abgewiesenen Anträgen in der Hauptverhandlung wiederholt werden, es bliebe trotzdem die Gefahr, dass Indicienmomente, — an welche, wie wir sehen, der Angeklagte gar nicht gedacht hat — gegen ihn im Urtheil verwendet werden, und die er nunmehr nur durch eine bezügliche Berufung beseitigen könnte.

Ungleich gewichtiger, und, wenn auch nicht zur Beseitigung der Berufung mit beschränktem Umfange tauglich, so doch als wirksame Voraussetzung für dieselbe geboten, ist der *von Bülow*'sche Reformvorschlag zum § 274 der Strafprocessordnung. [2])

Es war oben S. 12 dargethan worden, dass der Totaleindruck der grundlegenden erstinstanzlichen Verhandlung nicht festhaltbar ist, die ihn erzeugenden Einzelacten aber in zuverlässiger Form an den zweiten Richter gelangen müssen, wenn Letzterer im Stande

[1]) § 199: „Der Vorsitzende des Gerichts hat die Anklageschrift dem Angeschuldigten mitzutheilen und ihn zugleich aufzufordern, sich innerhalb einer zu bestimmenden Frist zu erklären, ob er eine Voruntersuchung oder die Vornahme einzelner Beweiserhebungen vor der Hauptverhandlung beantragen, oder Einwendungen gegen die Eröffnung des Hauptverfahrens vorbringen wolle. Ueber die Anträge und Einwendungen beschliesst das Gericht. Eine Anfechtung des Beschlusses findet nur nach Massgabe der Bestimmungen im § 180 Abs. 1 und § 181 statt."

[2]) § 274: Die Beobachtung der für die Hauptverhandlung vorgeschriebenen Förmlichkeiten kann nur durch das Protokoll bewiesen werden. Gegen den diese Förmlichkeiten betreffenden Inhalt desselben ist nur der Nachweis der Fälschung zulässig.

sein soll, die nach der Berufungsrüge des Angeklagten, nicht oder unrichtig gewürdigten Einzelmomente richtig zu beurtheilen. Nur wenn jene Einzelacten, soweit sie die Tragebalken des ersten Urtheils abgeben, durch Urtheil und Protokoll zuverlässig übermittelt werden, kann der zweite Richter mit Erfolg die ihm allein auferlegbare Prüfung (vergl. S. 12) vornehmen: „würdest du, nachdem bislang diesen Zeugen geglaubt, diesen Indicien getraut worden ist, daher das erstinstanzliche Resultat erlangt ist, das Letztere angesichts der **einzelnen** neu geltend gemachten oder erwiesenen Momente noch aufrecht erhalten?“

Die Strafprocessordnung giebt über das Protokoll nur wenige Vorschriften: sie ordnet im § 271 die Aufnahme und unterschriftliche Vollziehung des Protokolls durch den Vorsitzenden und den Gerichtsschreiber an; sie bestimmt ferner im § 272, dass Ort, Tag der Verhandlung, Öffentlichkeit oder Nichtöffentlichkeit der Letzteren, die Strafthat und die Namen sämmtlicher betheiligten Personen aufgeführt werden, und lässt hierauf nur 2 Paragraphen folgen, die den wesentlich materiellen Protokollinhalt bestimmen und zwar verordnet der § 273:

> Das Protokoll muss den Gang und die Ergebnisse der Hauptverhandlung im Wesentlichen wiedergeben und die Beobachtung aller wesentlichen Förmlichkeiten ersichtlich machen, auch die Bezeichnung der verlesenen Schriftstücke, sowie die im Laufe der Verhandlung gestellten Anträge, die ergangenen Entscheidungen und die Urtheilsformel enthalten.
>
> Aus der Hauptverhandlung vor dem Schöffengerichte sind ausserdem die wesentlichen Ergebnisse der Vernehmungen in das Protokoll aufzunehmen.
>
> Kommt (ausnahmsweise) es auf die Feststellung eines Vorganges in der Hauptverhandlung oder des Wortlauts einer Aussage oder einer Aeusserung an, so hat der Vorsitzende die vollständige Niederschreibung und Verlesung anzuordnen. In dem Protokoll ist zu bemerken, dass die Verlesung geschehen und die Genehmigung erfolgt ist, oder welche Einwendungen erhoben sind.

und hierauf folgt der § 274 mit dem in Anmerkung 2, S. 21 wiedergegebenen Inhalte.

Wie ersichtlich, ist im Gesetze über die Art der Protokollaufnahme nichts gesagt; ja für die hier in Betracht kommenden Strafkammerverhandlungen ist im vorstehend wiedergegebenen Absatz 2 des § 273 die Protokollirung der Vernehmungen sogar für entbehrlich erklärt. Diese Bestimmung muss unbedingt, und wird wohl auch, bei Zulassung der Berufung schwinden. Aber mit der einfachen Anordnung, dass die Vernehmungen (wie in Schöffensachen) zu protokolliren sind, wäre für eine sachgemässe Ausgestaltung der Berufung mit beschränktem Inhalte noch nichts gewonnen. Sollen die Tragebalken der erstinstanzlichen Feststellungen dem zweiten Richter in zuverlässiger Form übermittelt werden, so darf nicht, wie bisher, das Ermessen des Protokollführers darüber entscheiden, welche Einzelbekundung „wesentlich“ und daher überhaupt protokollwürdig ist und in welcher Fassung die protokollarische Wiedergabe zu erfolgen hat. Der Vorsitzende, dessen Anordnungen so lange als die des ganzen Gerichtes gelten, als sie nicht eine Beanstandung und beschlussmässige Änderung aus Absatz 2 des § 237 [1]) erleiden, ist es vielmehr, der den Hauptinhalt des Protokolles **schon in der** Sitzung zu veranlassen hat. Und wie soll dies erreicht werden? Gewiss nicht etwa durch ein fortlaufendes vollständiges Dictat der Vernehmungen! Aber, — der Vorsitzende hat vor der Verhandlung die Acten gelesen, ihm ist jede einzelne Zeugenaussage des Vorverfahrens bis in ihre kleinsten Details gegenwärtig; es ist ihm daher ein leichtes, j e d e wesentliche Abweichung des Zeugen gegen eine frühere Angabe sowie alle Nova zu constatiren (und zu diesem gehören auch Widersprüche zwischen bereits früher vernommenen und neu vernommenen Zeugen) und zu Protokoll bringen zu lassen. Geschieht dies, dann liegt für die zweite Instanz nicht nur „ein abgerissenes Zerrbild“ der einzelnen Zeugenaussagen, sondern ein ganzes einheitliches Bild der Letzteren vor. Die jetzt völlig werthlose Protokollangabe, „der Zeuge X sagte wie bei seiner Vernehmung de dato P aus“, wird dann zum beweiskräftigen Protokolltheile nach positiver wie negativer Seite; dies Letztere umdeswillen, weil aus der Nichtangabe einer Abweichung gegen die frühere Zeugenaussage zu folgern ist, dass eine solche nicht hervorgetreten ist. Man wende nicht ein, dass die Ausführung der vorgeschlagenen Bestimmung [2]) eine übermässig zeitraubende ist. Ich habe sie inhaltlich in Schöffensitzungen zur Anwendung gebracht, in welchen einige zwanzig Strafsachen, und darunter recht umfangreiche Fälle, zur Aburtheilung standen.

---

[1]) § 237 Abs. 2 lautet: Wird eine auf die Sachleitung bezügliche Anordnung des Vorsitzenden von einer bei der Verhandlung betheiligten Person unzulässig als beanstandet, so entscheidet das Gericht.

[2]) Ein verhältnissmässig g e r i n g e r Zusatz zu dem im Text abgedruckten § 273 im Absatz 3 der Strafprozessordnung könnte die vorgeschlage Bestimmung aufnehmen.

Aber zwei andere Voraussetzungen müssen noch erfüllt sein, wenn der vorgeschlagenen Bestimmung eine sachgemässe und erspriessliche Ausführung zu Theil werden soll; die eine Voraussetzung sind sorgsame und ausführliche Protokolle des Vorverfahrens (sie wird die Justiz- bezw. Verwaltungsaufsicht[1]) unschwer erzielen); die andere Voraussetzung besteht in dem zwingenden Gebote: mit Entlassung des Angeklagten muss das Sitzungsprotokoll vollständig beendet sein. Ganz gewiss ist es ein Unding, nach 24 Stunden noch einen Sitzungsvorgang wahrheitsgetreu wiedergeben zu wollen, nach allen den Eindrücken, die das amtliche und das nichtamtliche Leben in 24 Stunden dazwischen legt! Hierin hat *von Bülow* vollständig recht; aber um so weniger erklärlich erscheint es, wenn gerade er es nachgelassen haben will, dass die Protokolle anstatt „bei der Verhandlung, auch im unmittelbaren Anschlusse an die Verhandlung geschrieben und zu den Acten gebracht" werden können. Soll mit den letzteren Worten die Zeit nach dem Sitzungsschluss gemeint sein — und etwas Anderes lässt sich darunter nicht gut verstehen —, so wird dadurch die endgültige Abfassung des Protokolls in den ungünstigsten Zeitpunkt der Abspannung verlegt, welche naturgemäss der vorangegangenen Anspannung während der Sitzung folgen muss und auch regelmässig folgt.

Die soeben besprochene Reformirung der Vorschriften über das Protokoll giebt den letzten der jüngsten **processualen** Reformpläne ab. Aber auch hier bei dem wichtigsten Reformgedanken zeigt es sich, dass die vollendetste Ausgestaltung der erstinstanzlichen Verhandlung nur dazu führen kann, eine Berufung mit beschränktem Inhalte theils seltener, theils erfolgreicher zu gestalten; niemals aber wird dadurch, wenn man die vorstehenden Ausführungen überblickt, die Gefahr der Uberraschungen beseitigt, die ungewürdigte oder falsch gewürdigte Einzelmomente dem Angeklagten bringen, und gegen die allein eine bezüglich beschränkte Berufung Abhilfe bringen kann.

Die Forderung, die seit Jahren in der Öffentlichkeit auf Einführung der Berufung erhoben wird, ist sonach berechtigt, soweit die Einführung einer beschränkten Berufung in dem dargelegten Sinne erfordert wird. Der Ruf nach Wiedereinführung einer unbeschränkten Berufung

---

[1]) Rücksichtlich der polizeilichen Protokolle.

gegen Urtheile der Strafkammern erscheint dagegen rechtsgeschichtlich und rechtlich nicht begründet.

Und nun zu dem zweiten Theile des Reformplanes, der jetzt Fach- und Laienkreise beschäftigt und zu dem *von Bülow* unleugbar den Anstoss gegeben hat. Von ihm ist in jüngster Zeit, wie dies schon in der Einleitung hervorgehoben wurde, die Aufforderung ergangen, zu den kleinen zur Zeit bestehenden Schöffengerichten, mittlere und grosse Schöffengerichte zu organisiren, welche an die Stelle der Strafkammern und der Schwurgerichte treten sollen. Und der „Wortführer“ der Strafrechtswissenschaft *von Liszt* hat den *von Bülow*'schen Plan (der mit der Wiederaufnahme eines fallen gelassenen Plans des früheren preussischen Justizministers *Leonhardt* identisch ist) ohne Begründung gutgeheissen.[1])

Prüft man nun zunächst den positiven Grund für die vorgeschlagene gewaltige Umwälzung, so ist derselbe sozusagen ein empirischer: die bestehenden kleinen Schöffengerichte haben sich ja bewährt. Den negativen Reform-Grund giebt die — gleichfalls empirische — Wahrnehmung ab, dass man mit der Strafkammer nicht stets zufrieden, mit dem Schwurgerichte nicht selten unzufrieden gewesen ist; tertium essentiale non datur.

Ja! die Schöffengerichte haben sich bewährt! Es wird kaum einen Schöffenrichter geben, der nicht (wenige Einzelfälle unberücksichtigt gelassen) in dankbarem Gefühle gegen seine getreuen Beisitzer aus dem Volke dieses Urtheil unterschriebe. Es wird kaum einen Schöffenrichter geben, der da wünschen möchte, alle die zahlreichen schöffengerichtlichen Strafsachen allein, ohne die beisitzenden Schöffen zu entscheiden. Und weshalb nicht? — Weil die zwei Augen des Vorsitzenden mit der Leitung der Verhandlung oft zu ausschliesslich beschäftigt sind, und 4 Augen — geschweige denn 6 Augen — immer mehr sehen; und das ist für die Verhandlung sehr dienlich. Wie dem Angeklagten, der den Blick auf das Ganze richtet, leicht kleine und doch erhebliche Momente entgehen, genau so **kann** dies dem Vorsitzenden geschehen, der nicht selten mit renitenten Zeugen, ungezogenen Angeklagten und etwas

[1]) In dem soeben erschienenen ersten Hefte der *Gruchot*'schen Beiträge de 1894 ruft auch *O. Mittelstaedt* dem *v. Bülow*'schen Reformplane ein lautes placet zu (S. 234—237 a. a. O.).

stürmischen Vertheidigern zu thun hat. Er erhält durch die Betheiligung der Schöffen die Unterstützung, dass auch sogen. Kleinigkeiten nicht unter den Tisch fallen.

Auf die Verhandlung folgt dann die Berathung; fest und einheitlich werden vor dem **einen** Rechtsgelehrten die einzelnen in Betracht kommenden Rechtsbegriffe, wie die des Versuchs, der Rechtswidrigkeit, des Irrthums u. dgl. mehr den Schöffen dargelegt; und voll Vertrauen in die Richtigkeit der Darlegung gehen die beiden Schöffen und der Richter daran, die Beweismomente zusammenzustellen und von den dargelegten rechtlichen Gesichtspunkten aus zu beurtheilen. Das geht bei der grossen Zahl der ziemlich einfachen Straffälle wie am Schnürchen und unter wechselseitiger Unterstützung der 3 Urtheilsfinder.

Sobald aber in einer thatsächlich und rechtlich schwierigeren Sache ein Vertheidiger aufgetreten und, das aufgeschlagene, mit Anmerkungen besetzte Strafgesetzbuch in der betheuernden Rechten über schwerere rechtliche Begriffe gesprochen, ist bei den Schöffen nur zu leicht an die Stelle ruhiger Sachlichkeit eine unklare Unruhe getreten; kommt hierzu noch, dass etwa sechs bis acht Zeugenaussagen zu würdigen sind, dann bedarf es der ruhigsten, in sich einheitlichen Darlegung der in Betracht kommenden rechtlichen Kontroversen, sonst ist das non liquet, ohne weitere Prüfung der Thatfrage, von den Schöffen gesprochen. Es zeigt sich eben schon hier, dass die Entscheidung streitiger Fragen bei complicirtem Sachverhalte, ohne Verwirrung, nur bei mehrjähriger Übung und Beschäftigung im Strafrechtsgebiete möglich ist! Aus dem Mangel dieser Fähigkeit erwächst aber bei der geringen Zahl rechtlich und thatsächlich schwieriger Rechtsfragen, die vor das kleine Schöffengericht gelangen, **hier** kein Nothstand.

Wie anders würde jener Mangel in den mittleren Schöffengerichten hervortreten, denen die grosse Zahl schwierigster Betrugsfälle, die zahllosen Pressvergehen und fast alle die übrigen jetzt den Strafkammern zugetheilte Straffälle übertragen werden müssten! Die breite Entwickelung der Verhandlung, die scharf zugespitzte Stütze schriftlicher Fragenstellung, die feste **einheitliche** Rechtsbelehrung, alle diese schwurgerichtlichen Hilfsmittel fallen in dem mittleren Schöffengerichte selbstverständlich fort; und zwei Richter sollen mit drei Schöffen gemeinschaftlich That- und Schuldfrage beraten.

Ja, so wohlthätig äusserlich die Klimax: kleines Schöffengericht: ein Richter und zwei Schöffen, mittleres Schöffengericht: zwei Richter und drei Schöffen sich auch ausnimmt . . . was in aller Welt soll der zweite Richter im mittleren Schöffengericht? Wie soll die Berathung zweier Rechtsgelehrte mit drei Laien von statten gehen?

Es giebt doch nur zwei Möglichkeiten: die beiden Richter berathen bei rechtlichen Kontroversen zunächst zusammen, welche Rechtsauffassung den Schöffen als die richtigere zu empfehlen ist; dann steht man vor dem Undinge, eine Abstimmung von zwei völlig stimmgleich Berechtigten vornehmen zu lassen; oder aber man giebt der Stimme des Vorsitzenden das Ausschlagsrechts, dann wird die ganze Mitwirkung des zweiten Richters zu einer Farce; eine jovial-collegialische Geste des Vorsitzenden, begleitet von den Worten: ich bin anderer Ansicht, genügt dann unter Umständen, um den zweiten Richter in Rechtscontroversen in der demnächstigen Beratung mit den Schöffen zu unverbrüchlichem Schweigen zu verpflichten.

Wählt man aber den Weg, die Berathung genau so zu gestalten, wie sie zur Zeit in dem kleinen Schöffengerichte besteht — dann ist in dem Beratungszimmer entweder ein amüsanter Zweikampf vor einer dreiköpfigen Korona, oder eine regelrechte kleine Gruppenschlacht in die Wege geleitet, sobald die beiden Rechtsgelehrten über eine Rechtsfrage verschiedener Ansicht sind. Der Tertius gaudens wird — der in einem solchen Falle regelmässig freigesprochene Angeklagte sein. Hierüber kann bei allen denen kein Zweifel bestehen, die aus jahrelangem Verkehre mit Schöffen die schon erwähnte unklare Unsicherheit kennen gelernt haben, die die Schöffen überkommt, sobald sie bei umfangreichem Beweismaterial schwierige Rechtsfragen lösen sollen.

Es ist ja auch eine für Laien menschlich so nahe liegende Erwägung: wie sollen wir den Angeklagten mit Strafe belegen, wenn die Rechtsgelehrten selbst in der Beurtheilung der einzelnen Thatmomente so uneinig sind! Laien verlieren eben nur zu leicht jeden Halt, wenn ihnen, die schon mit der Aneignung eines umfangreichen Beweismaterials zu ringen haben, der rechtliche Gesichtspunkt, der ihnen bisher zur Stütze gedient hat, plötzlich verschoben wird; es wird ihnen dann unglaublich schwer, erst die Momente zu erfassen und zu durchdenken, aus denen zu folgern ist, dass der Angeklagte z. B. eines Betruges nicht schuldig ist, und dann den Weg zum Theil wieder rückwärts zu gehen, aus den für den Betrug verworfenen Momenten einzelne herauszunehmen, andere hinzuzunehmen und sich bei dieser Mosaikarbeit zu überzeugen, dass beispielsweise statt des Betruges Untreue anzunehmen ist.

In den kleinen Schöffengerichten ist es, wie bereits erwähnt, die ruhige **einheitliche** Rechtsbelehrung des Vorsitzenden, die dann den Schöffen in den hier seltenen, schwierigen Fällen der vorgedachten Art zu Hilfe kommt. In den mittleren Schöffengerichten aber würde eine doppelseitige Rechtsbelehrung, je nach der Rechtsansicht der beiden Richter, den Schöffen zu geben sein. Sind nun (wie bei den bisherigen Strafkammersachen nicht selten) schwierige Rechtsfragen zu lösen, so macht die doppelseitige Belehrung die Schöffen einfach gedankentodt; sie können die zahlreichen Rechtserwägungen überhaupt nicht mitmachen, lassen daher die beiden Richter ruhig „abkämpfen", und votiren sodann auf „non liquet". Sind aber die Rechtserwägungen einfacher, so werden sie zum Theil richtig, zu einem, wenn auch nur ganz kleinen Theile, nicht ganz von den Schöffen verstanden; dann aber gruppiren sich die einzelnen Schöffen je nach ihrem Verständnisse je um denjenigen, der mit seinen Ausführungen sich an sie am eindringlichsten und einheitlichsten wendet, d. h. je um einen gelehrten Richter; das auf beiden Seiten erklärliche Bestreben, nach bestem Wissen und Gewissen zu entscheiden, muss dann aber weiter dazu führen, die noch nicht ganz gesinnungskräftigen Mannen hüben und drüben zu gewinnen; denn Letztere sind nicht, wie die rechtsgelehrten Beisitzer, in dem Besitze eines wehrtüchtigen Rüstzeuges.

Und genau dieselben gleichartigen Schwierigkeiten, nur quantitativ gegen das mittlere Schöffengericht, im Verhältniss von 5 : 9 gesteigert, stehen, wie aus Vorstehendem ersichtlich, dem grossen Schöffengerichte entgegen. Dasselbe soll mit drei Richtern und sechs Geschworenen, d. h. da diese mit den drei Richtern über Schuld und Straffrage zusammen entscheiden sollen, mit sechs Schöffen besetzt werden, um an die Stelle der Schwurgerichte zu treten.

Allerdings scheint die Mitwirkung drei rechtsgelehrter Personen die eine Schwierigkeit zu beseitigen, dass drei Richter mit sechs Laien über schwierige rechtliche Kontroversen gemeinschaftlich disputiren müssten. Es ist hier die Möglichkeit gegeben, dass die drei Richter zunächst getrennt berathen und darüber (nach dem Majoritätsprincip) abstimmen, welche Rechtsauffassung bei streitigen Rechtsfragen den Schöffen als die richtigere zu empfehlen ist.

Aber wie, wenn mitten in der Berathung über die thatsächlichen Einzelmomente, sich die Nothwendigkeit ergiebt, eine neu aufgetauchte rechtliche Kontroverse zu entscheiden und die drei Richter sich zu diesem Zwecke zurückzuziehenh aben? Zum Isolirgewahrsam wird man die sechs Schöffen in der Zwischenzeit nicht gut bringen können. Sie bleiben also mitten in der angeregten Debatte über die Thatfrage allein. Ist es psychologisch denkbar, dass diese sechs Schöffen bis zur Rückkehr der drei Richter über irgend etwas anderes debattiren werden, als über den bisher besprochenen Sachverhalt? Ist es nicht psychologisch völlig folgerichtig, dass sie den angefangenen Faden weiter spinnen, nach einem Resultate suchen und so mit einem Votum über Schuldig oder Nichtschuldig „unter sich" fertig werden können, — ehe die Richter wieder eintreten, ohne dass vorher, wie im Schwurgerichte, ihnen durch bestimmte Fragen eine feste Wegweisung, durch eine Rechtsbelehrung ein rechtlicher Wegweiser zu Theil geworden ist!

Man wende nicht ein, die drei Richter hätten ja immer noch Gelegenheit, über die Rechtsfrage beschlussmässig einig, durch Belehrung und Erläuterung die Berathung wieder in sachgemässe Bahnen zu leiten; wer dies stets für möglich hält, „der kennt die Festigkeit und Unabhängigkeit des deutschen Laien nicht," der, so er einmal erst aus sich heraus zu einer Ueberzeugung gelangt ist, an dieser auch festhält, sobald er gesehen, dass die anders Denkenden selbst zuvor geschwankt haben. Die drei Richter mögen de jure und de facto dann deduciren, was sie wollen — durch die einfach ablehnende Haltung der Schöffen zieht dann etwas von dem Faust'schen Gedanken: „Es trägt Verstand und rechter Sinn mit wenig Kunst sich selber vor; und wenn's Euch Ernst ist, was zu sagen, ist's nöthig, Worten nachzujagen", — die ihr zuvor erst durch Berathung und Beschluss habt formuliren müssen?! Allein die Rechtssprechung, soweit sie wissenschaftlichen Streitfragen gilt, ist eben die „Kunst" schlüssiger Deductionen; diese aber „tragen" nie „sich selber vor"; und das gerade vermag der Laie nicht stets zu begreifen. Auch dies tritt in den Berathungen der kleinen Schöffengerichte in kleinem und daher fast unschädlichem Umfange hervor, und zwar bei Aburtheilung der kleinen Uebertretungsfälle. Bei diesen besteht die zu prüfende Anklage bis zur Hauptverhandlung regelmässig in einem knappen Satze: einer einzelnen, zur Sicherung der öffentlichen Ordnung erlassenen Polizeivorschrift entgegen gehandelt zu haben, z. B. durch Stehenbleiben auf dem Bürgersteig. Erst in der Hauptverhandlung entschleiern sich die verschiedensten Rechtsfragen, wenn der Vertheidiger mit den neuesten Commentaren, mit den frisch ergangenen Entscheidungen der Obergerichte und jungen Einzelschriften beschwert, der angeblich verletzten Polizeiverordnung die Gültigkeit im Allgemeinen, der übertretenen Einzelvorschrift im besonderen die Rechtsbeständigkeit abspricht.

Ueberraschend schnell sind in einzelnen solcher Fälle die Schöffen mit ihrem meist auf Freisprechung lautenden Urtheil fertig, während der rechtskundige Vorsitzende im Berathungszimmer noch alle Hände voll hat, das herbeigeschaffte Rechtsmaterial zu sichten, zu prüfen und zu beurtheilen. . . . . „Nein, Herr Amtsrichter," — heisst es da mitunter — „wenn das so zweifelhaft, dann hat sich der Angeklagte eben nichts — dabei — denken können, dann können wir ihn **dieses Mal** wohl frei sprechen, er wird es nun nicht wieder thun"; — so ungefähr wird plötzlich das selbst gewonnene Votum der Schöffen, von diesen bei einzelnen Rechtsfällen eingeleitet, in denen der Vorsitzende ausser Stande ist, die Schöffen sofort mit einer bestimmten, sie zum ruhigen Prüfen führenden Rechtsbelehrung zu versehen. Freilich hier, in den kleinen Schöffengerichten, ist jenes ablehnende, sich mit einem bequemen non liquet begnügende Verhalten der Schöffen selten und daher wenig schädlich; ganz anders muss dies aber in den grösseren und und grossen Schöffengerichten hervortreten, namentlich dann, wenn die rechtsverständigen Mitglieder, trotz der bereits gestellten Strafanträge auf längere Gefängniss- oder Zuchthausstrafen, noch über Rechtsfragen sich streiten. Denn je grösser und umfangreicher die Straffälle, desto grösser die Zahl der streitigen Rechtsfragen, desto unfähiger der Laie, mit dem Rechtsgelehrten von Mund zu Mund zu streiten!

Allerdings rufen die Schwurgerichte mit ihren nicht selten ungerechtfertigten und nicht zu beseitigenden Fehlsprüchen schwere Bedenken hervor; doch diese können durch eine verhältnissmässig unbedeutende Aenderung erheblich vermindert werden. Man zwinge die Geschworenen von Gesetzeswegen, neben den einzelnen Fragen unter ihrem Ja oder Nein die Thatsachen anzugeben, die sie für erwiesen oder unerwiesen halten, und die Thatsachen zu bezeichnen, aus welchen sie die einzelnen Thatbestandsmerkmale folgern oder verneinen; und man gewähre gegen bezügliche Rechtsverletzungen die Revision. Die Wahrsprüche der Geschworenen werden dann gründlicher berathen, gar manche ihrer Fehlsprüche keine endgiltigen sein. Allerdings wird mit Zulassung der Revision auch der Abs. 1 des § 398 [1]) der Strafprozessordnung für die Schwurgerichte anwendbar werden; allein wenn ein rechtsgelehrtes Kollegium bei offensichtlichen **Rechts**irrungen die Rechtsbelehrung des höchsten Gerichts zu acceptiren hat, weshalb nicht ein Schwurgericht?

Geschieht Letzteres, dann wird endlich auch die empfindliche Lücke unserer Strafjustiz beseitigt sein, dass die abgeklärten Rechtsgrundsätze, die das Reichsgericht entwickelt, fast nur der Beurtheilung der mittleren Strafthaten, aber nur selten der Aburtheilung der sogen. Kapitalverbrechen zu Gute kommen.

Mit der beschränkten Berufung, den Strafkammern in einzelnen Entscheidungen nachhelfen, die Urtheile der Schwurgerichte durch eine unbedeutende Aenderung des Verdicts-Inhalts und -Bestandes revidiren — das wird eine practische und wohlthätige Reform unserer Strafrechtspflege erzielen.

Der Reformvorschlag auf Einführung mittlerer und grosser Schöffengerichte aber ist nichts weiter, als die Anempfehlung eines Experiments, für dessen Gelingen auch nicht ein Beweismoment erbracht ist.

Dies im Interesse unserer Strafrechtspflege, an der Hand schöffengerichtlicher Erfahrungen darzulegen, war der Hauptzweck der vorstehenden Zeilen.

---

[1]) Der § 398 bestimmt: Das Gericht, an welches die Sache zur anderweiten Verhandlung und Entscheidung verwiesen ist, hat die rechtliche Beurtheilung, welche der Aufhebung des Urtheils zu Grund gelegt ist, auch seiner Entscheidung zu Grund zu legen.

Druck von Th. Hofmann in Gera.

FSC
www.fsc.org
MIX
Papier | Fördert
gute Waldnutzung
FSC® C083411

Kolibri 360 GmbH
Ferdinand-Jühlke-Straße 7
99095 Erfurt, Deutschland
produktsicherheit@kolibri360.de